Die Menschen gehen dahin,
die Städte bleiben.

Wilhelm Bode
in „Damals in Weimar"

Weimar

für die
Westentasche

Ein Stadtgang von
Christel Foerster

BuchVerlag
für die Frau

Titelfoto:
Herzogin Anna Amalia Bibliothek
S. 2:
Tor zum Schloss Belvedere, eines der ehemaligen Jagdschlösser von Herzog Ernst August

ISBN 978-3-89798-385-4

4., komplett überarbeitete und neu ausgestattete Auflage 2013

Fotos: Maik Schuck, Weimar
Historische Abbildungen: siehe Seite 124
Gestaltung: Lore Jacobi, Jesewitz
Druck: Messedruck Leipzig GmbH
Bindearbeiten:
Müller Buchbinderei GmbH Leipzig
Printed in Germany

www.buchverlag-fuer-die-frau.de

Inhalt

Die Mitte von Deutschland 7
Weimar und der Verkehr 13
Weimar zu Fuß 15
Ein Provinzstädtchen wird zur Residenz 20
Die Ernestiner und die Albertiner 23
Thüringer Kleinstaaterei 25
Der Weimarer Hof 29
Das Ende des Fürstentums 39
Wie Weimar zur Weimarer Republik kam 40
Die Gedenkstätte Buchenwald bei Weimar 44
Schwere Zeiten für die kleine Stadt 49
Sehenswertes in Weimar 54

Weimarer oder Weimaraner? 92
Berühmte Weimarer 97
Goethe überall 105
Studenten in Weimar 108
Weimarer Gastlichkeit 112
Feste feiern wie Goethe 118
Quellenverzeichnis 124

Weimarer Stadtwappen von 1975

Die Mitte
von Deutschland

Wählen Sie Weimar zu Ihrem Wohnort. Es gehen von dort die Tore und Straßen nach allen Enden der Welt. ...

Johann Wolfgang von Goethe an
Johann Peter Eckermann, 15.9. 1823

Weimar – das sind 1000 Jahre bewegte Geschichte. Hier verbinden sich die Gegensätze von menschlicher Weisheit und faschistischem Irrsinn mit Höhepunkten in Architektur, Kunst, Kultur und landschaftlicher Schönheit.

Seiten 8/9: Blick auf Weimar

Die Kultur- und Europastadt Weimar lockt jedes Jahr zahlreiche Besucher zu Festen, Theater- und Musikveranstaltungen, Märkten und nicht zuletzt zur Besinnung auf eine Phase unrühmlicher Vergangenheit.

Weimar liegt in einer breiten Mulde zwischen den bewaldeten Muschelkalkhöhen des Ettersberges (478 m) im Norden und den Höhenzügen, die als Ausläufer der Ilm-Saale-Platte von Süden an die Stadt heranreichen. Und zwar genau dort, wo die Mulde von dem 2,5 km breiten Ilmtal- oder Weimargraben durchzogen wird. So liegt die Stadt in einer Höhe von 200 bis 250 m über dem Meeresspiegel an beiden Ufern der aus dem Thüringer Wald kommenden und der Saale zufließenden Ilm.

Gewachsen seit dem 5. Jahrhundert, wurde der Ort ab 975 als „Wimares" bekannt, spätere Namen waren „Wimari", „Wimar", „Wymar", 1511 dann „Weymar". Allen gemeinsam ist das althochdeutsche Wort „wih" = heilig und „mar" = See, Sumpf. Somit bedeutet Weimar soviel wie „heiliger See oder Sumpf".

Am Anfang von Weimar war die Befestigungsanlage um den ältesten Stadtkern (heutiger Herderplatz) mit drei, später vier Stadttoren: Jakobstor im Norden, Kegeltor im Osten, Frauentor im Süden, Neues Tor im Westen.

Hier entstand auch der erste Markt, den Platz musste er sich allerdings mit dem Kirchhof von St. Peter und Paul teilen. Deshalb kam es bei der Stadterweiterung zur Anlage eines neuen, mit dem heutigen Markt fast identischen Handelsplatzes.

Trotzdem blieb Weimar noch lange eine mittelalterliche Ackerbürgerstadt, wo Mitte des 18. Jahrhunderts u.a. jede Menge Misthaufen und freilaufende Schweine zu sehen waren. Doch mit wachsendem Wohlstand, der nicht nur dem Adel, sondern auch den Bürgern ein ganz gutes Auskommen sicherte, änderte sich das. Der Markt wurde gepflastert, Häuser wuchsen. Als Goethe 1775 (Schiller 1787) nach Weimar kam, hatte Weimar etwa 6000 Einwohner und rund 750 ein- und zweistöckige Häuser. Herder, der 1776 in Weimar weilte, nannte die Stadt ein „unseliges Mittelding zwischen Hofstadt und Dorf". Ein Jahrhundert später hatte sich daran nicht viel geändert: „Alles unglaublich eng und klein", schrieb der Dichter Friedrich Hebbel. Dennoch hieß Weimar, zu dem Zeitpunkt mit bereits 13 000 Einwohnern, längst „Ilm-Athen" und „geistige Hauptstadt Deutschlands".

Weimar und der Verkehr

Die Stadttore gab es in der befestigten Stadt schon früh, aber die Handelsstraßen, die Via Regia, die Kupferstraße und die Nürnberger Geleitsstraße, führten an Weimar vorbei. Nur auf Nebenstrecken war die mittelalterliche Marktstadt zu erreichen. Erst durch die neue Straßenverbindung von Weimar nach Jena (in der Zuständigkeit des Ministers Goethe angelegt), die zur Anbindung an die

Saalestrecke über Dornburg und Kösen führte, konnte die Residenzstadt schneller erreicht werden.

Auch die Eisenbahn würde eine Rolle unter den Verkehrswegen spielen, ahnte Goethe. 1828 zeigte er sich im Gespräch mit Eckermann jedenfalls davon überzeugt, dass „gute Chausseen und künftige Eisenbahnen" zu den Grundlagen eines politisch, wirtschaftlich und in Sachen Währung bald einigen Deutschland gehören würden.

Mit der 1846 eröffneten „Thüringischen Eisenbahn", die Halle mit Erfurt verband, erhielt Weimar dann auch einen Bahnanschluss. Das Empfangsgebäude hatte seinen Platz an der Stelle des heutigen, 1922 fertiggestellten neoklassizistischen Hauptbahnhofs.

Durch die 1936/39 gebaute Autobahn Dresden – Eisenach kam Weimar schließlich zum Autobahnanschluss. Allerdings liegt er 5 km südlich des Stadtzentrums, kurz hinter dem Dorf Gelmeroda, dessen Kirchturm in vielen Variationen durch den Maler und Grafiker Lyonel Feininger in die Kunstgeschichte einging.

Weimar zu Fuß

Weimar bietet durch seine Lage im Landschaftsschutzgebiet „Mittleres Ilmtal" Wanderfreunden zahlreiche wunderschöne Routen wie z.B. den Goethewanderweg, den Kneipp-Rundweg oder den Drei-Türme-Weg. Zu be-

Seiten 16/17: Goethes Gartenhaus

schaulicheren Spaziergängen lädt der weitläufige, zu jeder Tages- und Jahreszeit reizvolle Park an der Ilm ein, seit 1998 UNESCO-Weltkulturerbe. Darin steht jenes Gartenhaus, das Herzog Carl August 1776 Goethe schenkte und das bis zum Sommer 1782 der Hauptwohnsitz des Dichters war. Ein Bild des Hauses regte Goethe 1827 zu den Versen an:

Übermütig sieht's nicht aus,
Dieses stille Gartenhaus.
Allen, die darin verkehrt,
Ward ein guter Mut beschert.

Im Februar 1832, vier Wochen vor seinem Tode, besuchte Goethe sein Gartenhaus zum letzten Mal, zu meteorologischen Beobachtungen.

Das ziemlich unbeständige und von Oktober bis März auch niederschlagsreiche Weimarer Wetter bekommt nicht jedem – wie Jutta Hecker, exzellente Kennerin der Stadt und ihrer berühmten Geister, herausfand: Die Großherzogin Sophie hätte, seit sie 1853 vom Schloss Ettersberg in das Stadtschloss nahe der Ilm umgezogen war, „unter der feuchten, dumpfigen Weimarer Luft", unter chronischen Erkältungen sowie Atemnot gelitten, weshalb sie dann auch im nahen Bad Sulza eine Soleheilanstalt errichten ließ.

Ein Provinzstädtchen wird zur Residenz

Ist nicht die Menge der fürstlichen Höfe ein herrliches Mittel, wodurch sich so viele Leute hervortun können, die sonst im Staube liegen müßten?

Gottfried Wilhelm Leibniz (1646-1716)

Weimar hat sich aus drei Siedlungskernen entwickelt: aus der Siedlung auf dem Jakobshügel, die 1168 ihre erste Kirche erhielt, aus der Siedlung

Portal im Rathaus mit der Inschrift: „Hat imant ein Ambt, das warte er mit Vleis"

HAT IMANT EIN AMBT DAS WARTTE ER MIT VLEIS

Oberweimar, die aus einem Zisterzienserkloster hervorging, und aus der Siedlung zu Füßen der Wasserburg, die im 10. Jahrhundert am linken Ilmufer (an der Stelle des jetzigen Schlosses) entstand. Herren der Burg und der Siedlungen waren die Grafen von Weimar, die ihren Besitz schon bald erweiterten und sich deshalb nach 1060 Grafen von Weimar und Orlamünde nannten. Auf sie geht auch das, mit Ausnahme der NS-Zeit, bis heute geltende Stadtwappen mit dem steigenden schwarzen Löwen auf goldenem, mit roten Herzen übersäten Feld zurück (anfangs waren die Herzen Blätter).

Als die Grafen von Weimar und Orlamünde 1372 ausstarben, kam das 1254 zum ersten Mal „Stadt" genannte Weimar in den Besitz der Markgrafen von Meißen (Wettiner), die auch die Landgrafschaft von Thüringen besaßen.

Die Ernestiner und die Albertiner

Die neuere Geschichte Thüringens begann 1485, als die Wettiner Brüder Kurfürst Ernst und Herzog Albrecht beschlossen, das von ihnen seit zwei Jahrzehnten gemeinsam regierte sächsisch-wettinische Kurfürstentum aufzuteilen („Leipziger Teilung").
An die von nun an „Ernestiner" genannten Wettiner fielen die Kurwürde und das Herzogtum Sachsen-Wittenberg, dazu die größten Teile Thüringens und des Vogtlandes, das halbe Osterland und die oberfränkischen

Gebiete um Coburg. Kurfürst Friedrich der Weise (Sohn von Kurfürst Ernst) machte Wittenberg zur Residenz der Ernestiner, Torgau und Weimar zu bevorzugten Wohnsitzen. Die „Albertiner" erhielten die Mark Meißen, das nördliche Osterland und nördliche Gebiete Thüringens. Dieses Herzogtum Sachsen wählte Dresden zur Residenz.

Im Schmalkaldischen Krieg, den Kaiser Karl V. (an seiner Seite die Albertiner) gegen die protestantischen Reichsstände (an ihrer Seite die Ernestiner) führte und 1547 in der Schlacht bei Mühlberg gewann, verloren die Ernestiner Kurwürde, Kurlande plus Hauptstadt Wittenberg und weitere Teile des Territoriums an die Albertiner. Deren Herzog Moritz wurde nun zum Kurfürsten ausgerufen, und Kurfürsten von Sachsen blieben die Albertiner, bis sie 1806 Könige von Sachsen wurden – und 1918 abdanken mussten.

Thüringer Kleinstaaterei

Die Ernestiner, nun also bloß noch Herzöge von Sachsen, regierten seit 1547 von Weimar aus, der neuen Residenz und Verwaltungsmetropole. Für die Stadt Weimar war das durchaus ein Vorteil, für den Gesamtstaat aber nicht, denn für machtpolitische Bestrebungen irgendwelcher Art bot das kleiner gewordene Land keine Basis mehr. Dazu kam, dass das Thronfolge-Erbrecht die staatliche und ökonomische Entwicklung behinderte (weniger die kulturelle, die dafür aber später fast unbezahlbar wurde).

Denn bei den Ernestinern hatte jeder männliche Nachgeborene einer Dynastie Anspruch auf einen Thron mit dazugehörigem Besitz. Aber natürlich gab es mehr Anwärter als Throne – es mussten also neue Throne her. Und deshalb kam es zu unzähligen Erbteilungen in Haupt-, Seiten- und Nebenseitenlinien, die aus dem Herzogtum einen Flickenteppich machten, ein Musterbeispiel für die deutsche Kleinstaaterei. Ihren Höhepunkt erreichte die Zersplitterung um 1700. Erst danach wurde das Erbrecht des erstgeborenen Sohnes (Primogenitur)

Markt mit dem 1841 im neogotischen Stil erbauten Rathaus

eingeführt und weiteren Landteilungen konnte allmählich Einhalt geboten werden.
Aus den 24 Kleinstaaten um 1700 wurden so im 19. Jahrhundert acht:

Großherzogtum
Sachsen-Weimar-Eisenach
(seit 1815 nicht mehr Herzogtum)

Herzogtum Sachsen-Coburg
und Gotha

Herzogtum Sachsen-Meiningen

Herzogtum Sachsen-Altenburg

Fürstentum Schwarzburg-Rudolstadt

Fürstentum Schwarzburg-
Sondershausen

Fürstentum Reuß ältere Linie (Greiz)

Fürstentum Reuß jüngere Linie (Gera)

Der Weimarer Hof

Nächst dem Berliner Hofe gibt es keinen Hof in Deutschland, dessen wir Deutsche uns dem Ausland gegenüber mit gerechterem Selbstgefühl berühmen könnten, als den Hof zu Weimar. … Von Berlin und Weimar aus hat, was immer heutzutage von Bildung im großen und ganzen unter uns lebt, seinen Ausgang genommen.

Carl Eduard Vehse, sächsischer Historiker und Archivar (1854)

In imposanter Folge wechselten sich am Weimarer Hof Thronerben, Regenten und Mitregenten ab. Die Weimarer Fürsten waren Staatsmänner, Militärs,

Das Schloss in Weimar, Lithographie um 1840

Musenfreunde, Weltreisende. Es gab verwandtschaftliche Bindungen zu vielen Fürsten-, Königs- und Kaiserhäusern Europas.
Gründer des Hauses Weimar war **Wilhelm IV., Herzog von Sachsen-Weimar** (1598-1662). Seine Brüder waren Ernst I. der Fromme, der Gothas Ruhm fundierte, und Bernhard, der u.a. 1632 für den gefallenen Schwedenkönig Gustav II. Adolf die Schlacht bei Lützen gewann.
Die 1672 erfolgte Teilung in die Sonderlinien Weimar, Eisenach (erloschen 1741) und Jena (erloschen 1690) konnte **Ernst August I., Herzog von Sachsen-Weimar** (1688-1748), seit 1741 Herzog von Sachsen-Weimar-Eisenach, wieder aufheben – durch Erbschaft brachte er das ganze Territori-

um in seinen Besitz. Der despotische Herrscher führte 1719 das Erstgeburtsrecht (Primogenitur) ein, ließ 20 Parkschlösser (z.B. Schloss Belvedere) und einige Jagdhäuser errichten.

Bis der Thronerbe **Ernst August II. Constantin** (1737-1758), **Herzog von Sachsen-Weimar-Eisenach,** volljährig war, regierte der vormundschaftliche Statthalter Heinrich von Bünau.
Ernst August II. Constantin heiratete 1756 Anna Amalia, Prinzessin von Braunschweig-Wolfenbüttel (und Nichte des Preußenkönigs Friedrich II.). Sie hatten zwei Söhne: Carl August (1757-1828) und Friedrich Ferdinand Constantin (1758-1793). Als ihr Mann 1758 starb, übernahm **Anna Amalia, Herzogin von Sachsen-**

Weimar-Eisenach (1739-1807), nach 1775 „Herzoginmutter" genannt, bis zur Volljährigkeit von Sohn Carl August die Regierung.

Ab 1775 regierte **Carl August, Herzog von Sachsen-Weimar-Eisenach** (seit 1815 Großherzog). Im selben Jahr heiratete er Luise, Prinzessin von Hessen-Darmstadt (1757-1830). Dieser Ehe entsprossen sieben Kinder, darunter der Thronfolger **Carl Friedrich, Großherzog von Sachsen-Weimar-Eisenach** (1783-1853). Er ehelichte 1804 Maria Pawlowna, Großfürstin von Russland (Tochter von Zar Pawel I. und Enkelin von Zarin Katharina der Großen).

Anna Amalia, Herzogin von Sachsen-Weimar-Eisenach (1739-1807)

Eins ihrer vier Kinder war Augusta (1811-1890). Sie heiratete 1829 Prinz Wilhelm von Preußen, wurde dadurch 1861 Königin von Preußen und 1871 Deutsche Kaiserin.

Der jüngste Sohn und Thronfolger **Carl Alexander** (1818-1901), **Großherzog von Sachsen-Weimar-Eisenach,** heiratete 1842 seine Cousine Sophie Wilhelmine Maria, Prinzessin der Niederlande (1824-1897).

Sie bekamen drei Töchter und einen Sohn, **Karl August** (1844-1894), der vor der Thronbesteigung starb.

Deshalb wurde Karl Augusts erstgeborener Sohn **Wilhelm Ernst, Großherzog von Sachsen-Weimar-Eisenach** (1876-1923), 1901 neuer Regent. Er heiratete 1903 Caroline, Prinzessin von Reuß ä.L. (1884-1905) und in

zweiter Ehe Feodora, Prinzessin von Sachsen-Meiningen (1890-1972).
Der letzte Spross des Weimarer Hofes regierte mit äußerstem Standesdünkel, sogar mit Reitpeitsche und Wutanfällen gegen Weimarer Bürger. Von dem zeitweilig in Weimar lebenden Schriftsteller Wilhelm von Scholz wissen wir, dass sich der Urenkel des Goethe-Förderers Carl August nicht damit abfinden konnte, „daß ein bürgerlicher junger Mann aus Frankfurt so unversehens in die Kreise der vornehmen Großväter eingedrungen ... sei."

Das Ende des Fürstentums

Am 9.11.1918 verzichtete Großherzog Wilhelm Ernst für sich und seine Familie „für alle Zeit" auf den Thron und die Thronfolge. Auf das „fürstliche Privateigentum" freilich nicht, weshalb es noch in den 1920er Jahren zu Prozessen kam. 1948 enteignete der Landtag rückwirkend ab 1945. Inhaber des Residenzschlosses (Stadtschloss) ist seit 2008 die *Klassik Stiftung Weimar*. Nur das Gebäudeensemble der *Bastille* gehört der *Stiftung Thüringer Schlösser und Gärten*.

Durch den Zusammenschluss der verbliebenen Kleinstaaten entstand 1920 das Land Thüringen. Weimar wurde Landeshauptstadt und gewann an Einwohnern – durch den Zuzug

von Beamten aus den bisherigen Residenzstädten.
Auch nach dem Zweiten Weltkrieg blieb Weimar zunächst Hauptstadt. Wegen des eklatanten Mangels an Wohnungen und Büroräumen siedelten aber viele Landesbehörden nach Erfurt über, das sich auch bald als neue Landeshauptstadt durchsetzte. Freilich nur für die kurze Zeit bis zum Sommer 1952, als alle in der DDR liegenden Länder in Bezirke aufgeteilt wurden. Aus dem Land Thüringen wurden die Bezirke Erfurt, Gera und Suhl mit den jeweiligen Städten als Verwaltungssitz. Bei der Neubildung der Länder im Jahre 1990 blieb Erfurt die Hauptstadt des Freistaates Thüringen.

Wie Weimar zur „Weimarer Republik“ kam

Ich selbst habe jede weitere Lust an Weimar verloren.

Paul Klee, etwa 1922

9.11.1918: Kaiser Wilhelm II. dankt ab, Philipp Scheidemann (SPD) ruft die „Deutsche Republik“ aus, am 19.1.1919 wählen 36,7 Millionen Deutsche (erstmals auch Frauen) die neue Nationalversammlung. Wegen der revolutionären Kämpfe, die besonders die Hauptstadt erschüttern und am 15.1.1919 mit der Ermordung von

Rosa Luxemburg und Karl Liebknecht durch rechtsradikale Freikorpssoldaten einen schrecklichen Höhepunkt erreichen, soll das gerade gewählte Parlament nicht in Berlin zusammentreten. Sicherheit gehe vor, und auch das weit verbreitete Misstrauen gegen das „rote Berlin“ müsse ernst genommen werden. Gesucht wird also ein ruhiger, sicherer Tagungsort „im Herzen Deutschlands“. Die ebenfalls in Erwägung gezogenen Städte Jena, Bayreuth und Nürnberg scheiden aus. Gefunden wird Weimar.
Gut bewacht – ausgerechnet von 4000 Mann des „Freiwilligen Landjägerkorps“ – beginnt am 6.2.1919 unter dem Glockengeläut von allen Türmen im Weimarer Theater die konstituierende Sitzung der 423 Abgeordneten.

Die überregionale Presse ist zugegen und ein handverlesenes allgemeines Publikum.
Man wohnt in Hotels, Pensionen und in Privatquartieren, manch einer in Jena und Apolda, die Prominenz auch im Schloss. Die Verpflegung (in diesen schlimmen Nachkriegswochen) ist durch ein spezielles Markensystem sichergestellt, im Theater gibt es für Abgeordnete aber auch ohne Markenabgabe Wurstbrote. Alles sollte nur zwei Monate dauern. Und dauerte doch 83 Sitzungen lang, ein halbes Jahr, bis August. Die Weimarer murrten, denn ihr Gewinn war klein, gemessen an den Lasten: Passzwang, militärischer Sperrgürtel 7 km rings um Weimar, Teuerung, Schwarzmarkt usw. Am 31. Juli 1919 stimmte das Par-

Notgeld der Stadt Weimar 1923

lament endlich ab: Mit 262 gegen 75 Stimmen nahm es die Weimarer Reichsverfassung an. Der in Weimar nun zum Reichspräsidenten gewählte Friedrich Ebert (SPD) unterschrieb sie am 11. August, am 14. August trat sie in Kraft. Und so wurde Weimar zum Symbol eines Neubeginns in Deutschland, aber auch 14 Jahre später zum Synonym für das Scheitern der Demo-

kratie und bis heute zum Menetekel deutscher Geschichte.
Die „Vertreibung“ des Bauhauses, die Gründung der Hitlerjugend ausgerechnet in Weimar, Hitlers häufige Besuche in der Stadt an der Ilm (1926-1936 mehr als 40-mal) waren und sind ein schweres Erbe im Geschichtsbuch der schönen Stadt. Und Buchenwald...

Die Gedenkstätte Buchenwald bei Weimar

Der erste Häftling des KZ Buchenwald war wohl die sogenannte Goethe-Eiche. Plastisch beschreibt Bruno Apitz, von November 1937 bis zum 12. April 1945 Häftling Nr. 2417 im KZ Buchenwald, in seinem Roman „Nackt unter Wölfen“ diese Symbolik:

Sie stand bei uns im Lager unter Naturschutz. Als das Lager aufgebaut wurde, im Sommer '37, wurde um die Eiche ein Eisengitter gezogen, und wir nannten die Goethe-Eiche den ersten Häftling von Buchenwald …

Es hieß zunächst „KL Ettersberg“, dann wurde es umbenannt in „K.L. Buchenwald/Post Weimar“. Seit 1939 hatte das Lager ein eigenes Standes- und Einwohnermeldeamt. Politische Gegner des Naziregimes, vorbestrafte Kriminelle, sogenannte Arbeitsscheue, Juden, Zeugen Jehovas und Homosexuelle wurden hierher verbracht. 1938, nach dem „Anschluss“ Österreichs, auch der größte Teil der Wiener Juden und nach Beginn des Zweiten Weltkrieges Menschen aus vielen anderen Ländern. Die Häftlinge (seit 1944 auch Frauen) hatten vor allem zu arbeiten, u.a. in den 13 Werkhallen, die die Gustloff-Werke 1942 auf dem Ettersberg für die Waffenproduktion errichteten, aber auch in den 136 „Außenkommandos". Zu Weihnachten 1938 sangen 26 000 Menschen auf dem Appellplatz von Buchenwald ein Lied, dessen letzter Vers so lautet:

O Buchenwald, wir jammern nicht und klagen, und was auch unsre Zukunft sei, wir wollen trotzdem Ja zum Leben sagen, denn einmal kommt der Tag, dann sind wir frei.

Autor war Fritz Löhner-Beda aus Wien, Librettist der bekanntesten Franz-Lehár-Operetten. Der Meister

Entwurfsskizze zum Mahnmal Buchenwald von Fritz Cremer

verwendete sich nicht für ihn, Lehár suchte die Nähe des Führers. Fritz Löhner starb 1942 in Auschwitz.
Am 11. April 1945 erreichten Einheiten der 3. US-Armee den Ettersberg. 250 000 Menschen waren im Konzentrationslager Buchenwald inhaftiert, 56 000 aus 18 Nationen starben. Ihnen zum Andenken und der Nachwelt zur Mahnung entstand zwischen 1954 und 1958 eine Gedenkstätte mit dem weithin sichtbaren Glockenturm.
Von dem Internierungslager für Nazis und Antikommunisten, das zwischen 1945 und 1950 auf fast dem gleichen Gelände von der Siegermacht Sowjetunion unterhalten wurde, gab es zur DDR-Zeit keine Informationen. Erst seit 1990 wurde es öffentlich und seit 1997 gibt es dazu auch einen

sehr sachlichen, informativen Ausstellungskomplex.

Schwere Zeiten für die kleine Stadt

Glücklich Weimar! – Von den Städten allen/ Bist du, kleine, wunderbar bedacht;/ Man wird stets zu deinen Thoren wallen,/ Angezogen von der heil'gen Macht;/ Und man wird nach großen Männern fragen,/ Die in schönen Zeiten hier gestrebt,/ Und mit edlem Neid wird man beklagen,/Daß man mit den Edlen nicht gelebt.

Aus: Weimar, von Johann Peter Eckermann, 1825

Das über tausendjährige Weimar mit seinen malerischen Winkeln und den zauberhaften Brunnen, mit den bucklig gepflasterten Straßen und Plätzen, mit der anheimelnden Enge mittelalterlicher Stadtarchitektur wirkt auch heute ein bisschen wie ein sehr ansehnliches Dorf. Wären da nicht auch noch die landesherrlichen Schlossbauten, die prunkvolle Monumentalität des Reiterstandbildes von Großherzog Carl August, das repräsentative Gebäude des Deutschen Nationaltheaters und die mit Noblesse in englischem Stil angelegten Parks beim Gartenhaus, in Belvedere, Tiefurt und Ettersburg.

Aber auch die Industrialisierung der Gründerzeit, die Machtanmaßung des

Reiterstandbild des Großherzogs Carl August, 1869-72, von Adolf Donndorf

NS-Regimes und der kleinkarierte, auch in Weimar sehr oft Ruinen schaffende Hochmut der DDR ist ablesbar am Bild dieser Stadt. Auch über diese Stadt kamen die großen Kriege: der Schmalkaldische und der Dreißigjährige Krieg, Napoleons Beutezüge, die beiden Weltkriege im 20. Jahrhundert.

Der Zweite Weltkrieg (1939-1945): Bei den Angriffen auf Weimar starben mehr als 1700 Einwohner, über 600 Buchenwaldhäftlinge, eine unbekannte Zahl Kriegsgefangener und fast 2000 Soldaten. Der erste Luftangriff erfolgte im Sommer 1940, der schwerste Luftangriff am 9. Februar 1945 (während 13 Minuten am Mittag), letzter Luftangriff am 10. April

1945. Es fielen 482 Tonnen Bomben auf die Stadt, 1300 Wohnungen wurden zerstört, auch das Goethehaus, das Schillerhaus und das Deutsche Nationaltheater. Den materiellen Schaden schätzte man auf etwa 20 Millionen Reichsmark.

Sehenswertes in Weimar

Fast alle Gedenkstätten der klassischen und nachklassischen Literatur und Kunst gehören seit 2003 zur „Klassik Stiftung Weimar".

Herzogin Anna Amalia Bibliothek
Ursprünglich „Grünes Schloß" genannter herzoglicher Wohnsitz am Rande des Parks an der Ilm. Auf Veranlassung von Anna Amalia zur Herzoglichen Bibliothek umgebaut. Den Namen ihrer Gründerin erhielt die Bibliothek 1991.

Herzogin Anna Amalia Bibliothek

Bauhaus-Museum

Erst 1995 konnte es eröffnet werden – 70 Jahre nach der Vertreibung des legendären, von 1925 bis 1932 in Dessau fortgeführten Bauhauses Weimar. Das Museum hat sein zeitweiliges Domizil in der Kunsthalle am Theaterplatz. Die Exponate erinnern an das Wirken von Lyonel Feininger, Walter Gropius, Wassili Kandinsky, Harry Graf Kessler, Paul Klee, Gerhard Marcks, Oskar Schlemmer, Henry van de Velde u.a.

Wer mag, erweitert den Museumsrundgang noch um die Besichtigung der seit 1996 zum UNESCO-Welterbe gehörenden Bauhaus-Stätten: das Haus am Horn und die Hauptgebäude der Bauhaus-Universität Weimar.

2015 kann man voraussichtlich das

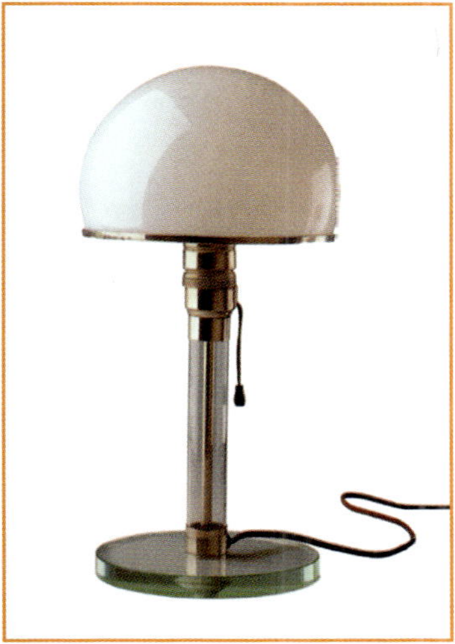

Lampe im Bauhaus-Design

neue Bauhaus-Museum besuchen. Der Siegerentwurf für das Gebäude stammt von der Berliner Architektin Heike Hanada.

Deutsches Nationaltheater

In dem 1825 abgebrannten Vorgängerbau wirkte Goethe 1791 bis 1817 als Theaterintendant, Schauspieler und Regisseur; für die Komödianten hatte er auch 91 „Regeln für Schauspieler" verfasst. Zum Repertoire gehörten Stücke von Shakespeare und Lessing, seine eigenen, aber vor allem die von Schiller. Mit der Uraufführung von „Wallensteins Lager" begann 1798 die große Zeit des Hoftheaters. Auch alle

Goethe-Schiller-Denkmal vor dem Deutschen Nationaltheater

bedeutenden Werke von Mozart (der selbst in Weimar war) wurden hier aufgeführt. Lieblingsoper des Publikums: „Die Zauberflöte". Wirkliche Erfolgsstücke waren aber die des Vielschreibers Kotzebue. Goethe brachte das 1829 auf den Punkt: „Was der Menge zusagt, wird sich gnadenlos ausbreiten."

In den folgenden Jahrzehnten verschob sich das Schwergewicht auf das Musiktheater. Vor allem durch das Wirken des Starvirtuosen Franz Liszt (1848-61, Hofkapellmeister, Komponist, Dirigent, Lehrer, Pianist und Musikorganisator) – wurde Weimar zu einem Zentrum der sogenannten „Neudeutschen Musik". Und so erlebte Weimar am 28. August 1850 die Uraufführung von Richard Wagners „Lohengrin". Besondere Freude hatten die Weimarer aber nicht an neuer Musik, denn bei der Uraufführung von Peter Cornelius' „Der Barbier von Bagdad" 1858 kam es zu minutenlangem bestellten Zischen. Nur der Großherzog, das Orchester und Liszt selber applaudierten – zu Liszts Weggang trug dieses Ereignis gewiss bei.

Auch Richard Strauss, der von 1896 bis 1918 als Musikchef an dem Theater wirkte, mehrte den Ruhm des Hauses: Unter seiner Leitung hatte die erfolgreiche Uraufführung von Engelbert Humperdincks Märchenoper „Hänsel und Gretel" Premiere.

In dem 1908 neu gebauten Haus arbeitete bis 1918 Karl Norris von Schirach als Generalintendant – der Vater von Baldur von Schirach, der 1926 in Weimar Mitbegründer der „Hitlerjugend“ war, 1929-40 „Reichsjugendführer“, danach „Reichsstatthalter“ und Gauleiter in Wien.

Den Namen „Deutsches Nationaltheater“ trägt das Theater seit dem 19.1.1919. Künstlerische Leistungen von Rang gelangen aber erst wieder nach dem Zweiten Weltkrieg – auf musikalischem Gebiet vor allem durch die Dirigenten Hermann Abendroth und Gerhard Pflüger, im Sprechtheater durch Fritz Bennewitz und seine Shakespeare- und Brechtaufführungen.

Das Goethe- und Schiller-Denkmal des Dresdner Bildhauers Ernst Rietschel kam schon 1857 an seinen in der Welt bekannten Platz. Das Theatergebäude, das kurz vor Ende des Zweiten Weltkrieges zum Rüstungsbetrieb herabgewürdigt und dann schwer zerstört wurde, erlebte seine Wiedergeburt am 28.8.1948 mit Goethes „Faust".

Historischer Friedhof

Weil der Jakobsfriedhof, der älteste Friedhof der Stadt, keine Toten mehr aufnehmen konnte, entstand zu Beginn des 19. Jahrhunderts ein 36 Hektar großer Begräbnisplatz. Er wurde 1818 als der „Neue Friedhof vor dem Frauentore" eröffnet. In seinem ältesten Teil (heute „Historischer Friedhof" genannt) befinden sich über 100 Grabstätten von Dichtern, Künstlern, Wissenschaftlern und Beamten aus Weimars „Goldenem Zeitalter". In der ***Fürstengruft,*** im Auftrag des Großherzogs Carl August 1825-27 durch den Begründer der Weimarer Baugewerbeschule Clemens Wenzeslaus Coudray geschaffen, fanden die Mitglieder des Weimarer Fürstenhauses, aber auch Goethe und Schiller ihre letzte Ruhestätte. Der Leichnam des 1805 auf dem alten Jakobsfriedhof bestatteten Friedrich Schiller wurde exhumiert und 1832 neben Goethe in der Fürstengruft beigesetzt. Eine DNA-Analyse ergab 2008: Schiller liegt nicht in dem Sarkophag.

Die an die Fürstengruft angrenzende Grabkapelle im altrussischen Stil (rechts im Bild) entstand nach einer letztwilligen Verfügung der Großherzogin Maria Pawlowna. Die Kapelle über ihrem Grab dient auch heute noch russisch-orthodoxen Gläubigen als Gotteshaus.

Goethes Gartenhaus
Die erste eigene Wohnung in Weimar und ein Geschenk des Herzogs. Goethe wohnte 1776-1782 in dem anfangs verfallenen Haus.

Goethes Wohnhaus am Frauenplan
Das repräsentative Bürgerhaus entstand 1709. Goethe wohnte hier 1782-89 und 1792-94 zur Miete, dann schenkte es ihm der Herzog „erb- und eigentümlich". Im Erdgeschoss und in der ersten Etage wirkte Christiane als Hausfrau und Mutter. Die Mansarde wurde 1817 zur Wohnung von Sohn August, dessen Frau Ottilie und deren Kindern Walther, Wolfgang und Alma ausgebaut. Der Garten gehörte zum Haus. Nach dem Tod von Walther von Goethe (1885), des letzten Nachkom-

mens, ging das Haus mit allem, was darin war (Schriften, Sammlungen, Mobiliar), testamentarisch in den Besitz des Staates über. Der Großherzog verfügte die Errichtung eines Goethe-Nationalmuseums, für das im 20. Jh. zwei Erweiterungsbauten entstanden. Seit 2012 zeigt das Nationalmuseum in elf Räumen die völlig neue Goethe-Dauerausstellung „Lebensfluten-Tatensturm".

Liszt-Haus

1848 bis 1861, als er Kapellmeister in Weimar war, wohnte Franz Liszt in der Altenburg, bei seinen späteren Aufenthalten in den Sommermonaten

Seiten 68/69:
Blick in Goethes Arbeitszimmer

1869 bis zum Tod 1886 (er starb in Bayreuth) im Hofgärtnerhaus in der Marienstraße 17. Großherzog Carl Alexander bestimmte es 1887 zum Museum. 2011 wurde das Liszt-Haus grundlegend saniert.

Nietzsche-Archiv

Elisabeth Förster-Nietzsche, die Schwester des Philosophen Friedrich Nietzsche (1844-1900), nahm 1897 ihren in zunehmender geistiger Umnachtung lebenden Bruder in ihr Weimarer Haus auf (Humboldtstraße 36). Hierher verlegte sie auch das bereits in Naumburg gegründete Nietzsche-Archiv.

Nietzsche starb in diesem Haus. 1902-03 erfolgten durch Henry van de Velde Umbau und Neueinrichtung der Gründerzeitvilla zu einer Nietzsche-Gedenkstätte. Die Ausstattung ist erhalten, der schriftliche Nachlass Nietzsches befindet sich heute im Goethe- und Schiller-Archiv.

Schillers Wohnhaus

Schiller wohnte bei seinem ersten Weimaraufenthalt (1787-89) in der Frauentorstraße 21 als Mieter beim Kaufmann Keil, war also Goethes Nachbar. 1799, nach seiner Übersiedlung von Jena nach Weimar, wohnte er mit seiner Frau Charlotte zuerst in der Windischenstraße. 1802 erwarb er für 4200 Taler (die er eigentlich gar nicht hatte) das Haus an der Esplanade (heute: Schillerstraße 12) und zog

Seiten 72/73: Schillers Wohnhaus

hier am 29.4.1802 mit der Familie ein. Bis zu seinem Tod am 9.5.1805 waren ihm hier nur drei Jahre vergönnt. – Das Haus wurde am 9.2.1945 schwer beschädigt, konnte aber am 10.11.1946, dem 187. Geburtstag des Dichters, wieder eröffnet werden. Der das Wohnhaus integrierende Museumsneubau entstand zum 225. Geburtstag des Dichters im Jahre 1984.

Schloss

In seiner heutigen Gestalt besteht es seit 1803. Burg bzw. Schloss stand hier aber schon, seit es Weimar gibt, wurde 1424, 1618 und 1774 ein Raub von Flammen. Beim Wiederaufbau nach 1618 durch den Weimarer Architekten Johann Moritz Richter entstand die Dreiflügelanlage nach französischem Vorbild und wurde „Wilhelmsburg“ genannt.

Der Schlossturm erhielt seine barocke Haube 1729-30 durch den Thüringer Baumeister Gottfried Heinrich Krohne. Er trotzte allen Bränden und ist das älteste Bauwerk Weimars. – Die Wilhelmsburg war Mittelpunkt des kulturellen Lebens: In der Schlosskapelle spielte Bach die Orgel, in den Sälen musizierte die Hofkapelle, im Schlosstheater spielten gastierende Schauspielertruppen, Bibliothek und Kunstsammlungen (u.a. mit Originalen von Cranach, Dürer und Tizian) entstanden.

Durch Blitzschlag wurde das Schloss, ausgenommen nur Bastille und

Seiten 76/77: Das Residenzschloss

Schlossturm, bis auf die Außenmauern eingeäschert. Goethe leitete die Kommission, die den Wiederaufbau organisierte. Die großartigen klassizistischen Raumschöpfungen entstanden in dieser Zeit. Seit 1923 beherbergen die drei Schlossflügel Weimarer Kunstsammlungen, der Südflügel ist Sitz der heutigen *Klassik Stiftung Weimar*. Das Schloss ist Teil des Ensembles Klassisches Weimar und damit UNESCO-Welterbe.

Schloss Belvedere

Das „Sanssouci" der Weimarer Herzöge, drei Kilometer südlich von Weimar, mit Schloss, Kavaliershäusern, Orangerie und einem unglaublich schönen Park, den Herzogin Anna Amalia auch für die Bevölkerung öffnen ließ.

Das Schloss diente immer als herzogliche Sommerresidenz, Goethe vollendete hier den „Torquato Tasso". In den Kavaliershäusern wurden einst auch „künftige Staatsmänner" und 1947/50 Schauspieler und Dramaturgen ausgebildet. Die Orangerie erwarb sich schon bald nach ihrer Eröffnung den Ruf eines botanischen Gartens, denn sie war von Anfang an Pflegestätte tropischer und anderer seltener Gewächse – 6000 Arten waren es 1826. Die Gesellschaft der Naturforscher und Ärzte, die 1836 in Jena ihre Jahrestagung abhielt, machte mit Vergnügen und wissenschaftlichem Gewinn eine Exkursion nach Belvedere: Das Winterquartier der Pflanzen, die

Seiten 80/81: Schloss Belvedere

mit heißer Luft in einer Art Kanalheizungssystem versorgten Gewächshäuser, begeisterten schon Alexander von Humboldt. Eine Renaissance erlebten Schloss und Parkanlagen von Belvedere vor allem durch Herzogin Maria Pawlowna, die Schwiegertochter von Großherzog Carl August.

Schloss Ettersburg

Ursprünglich ein Jagdhaus zu Füßen des Ettersberges, wurde Anfang des 18. Jahrhunderts ein dreiflügliges Schloss errichtet. Es war u.a. bis 1781 Sommersitz der Herzogin Anna Amalia, berühmt durch die von ihr begründete Liebhaberbühne, wo u.a. Aufführungen von Goethes „Iphi-

Musentempel im Schlosspark Tiefurt

genie“, „Die Mitschuldigen“, „Das Jahrmarktsfest von Plundersweilern“ stattfanden. Schiller vollendete hier die „Maria Stuart“.

Schloss Tiefurt

Aus einem Landhaus hervorgegangenes bescheidenes Schloss, das Anna Amalia 1781 zum Sommersitz wählte und nach ihrem Geschmack ausstatten ließ. Es wurde schon bald nobelste Adresse großer Geister, und hier, abseits vom Getriebe des Weimarer Hofes, „rustizierte“ Anna Amalia, genoss „den lebhaften Literaturbetrieb einer in Bewegung geratenen Zeit“ – so Wolfgang Vulpius, der 1978 gestorbene Ururenkel von Christianes Bruder Christian August Vulpius.

Stadtkirche St. Peter und Paul, auch Herderkirche

27 Jahre lang Wirkungsstätte des Theologen und Philosophen Johann Gottfried Herder. Sein Denkmal auf dem Platz vor der Kirche wurde 1850 enthüllt. Auf einem Vorgängerbau wurde sie ab 1498 als gotische Hallenkirche errichtet; der barocke Umbau im Innern erfolgte 1735-45. Der Chor der Kirche diente seit 1547 als Grabstätte der ernestinischen Wettiner – als letztes Glied ihres Hauses wurde Herzogin Anna Amalia hier beigesetzt.

Bedeutendstes Kunstwerk in der Kirche ist ein großes Altartriptychon von Lucas Cranach d.Ä. – sein letztes, von ihm aber nicht mehr vollendetes Werk; sein Sohn, Lucas Cranach d.J., beendete die Arbeit. Im Altarraum ist die originale Grabplatte Cranachs zu sehen. Im Zweiten Weltkrieg wurde die Kirche schwer zerstört. Für ihren Wiederaufbau spendete Thomas Mann 1949 die gesamte Summe des ihm verliehenen Goethe-Nationalpreises. Zum Jubiläum 1000 Jahre Weimar erfuhr die Kirche eine bedeutende denkmalpflegerische Aufwertung.

Wittumspalais

1767 erbaut, seit 1774 im herzoglichen Besitz, seit 1775 Witwen-(Wittums-)Sitz für die Herzoginmutter Anna Amalia. Hier starb sie am 10.4.1807. Das Wittumspalais, seit 1963 auch Wielandmuseum, gehört

Stadtkirche St. Peter und Paul

1.
2.
3.
4.
5.

zu den lebendigsten Erinnerungsstätten an Weimars Glanzzeit, es war der eigentliche Musenhof Weimars. Anna Amalia machte aus ihm, so der Dichter und Prinzenerzieher Christoph Martin Wieland, „eine Anstalt zur Beförderung der Fröhlichkeit und guten Laune, wo geklimpert, gegeigt, geblasen und gepfiffen wurde, dass die Engel im Himmel ihren Spaß dran hatten".
Laut debattiert und neueste Literatur gelesen wurde hier auch. Am berühmtesten wurde die „Tafelrunde". Sie tagte gewöhnlich montags.
Das Bild (S. 88/89) von Georg Melchior Kraus, einem Tischbein-Schüler, zeigt eine solche Tafelrunde bzw. den „Abendkreis der Herzogin Amalia" des Jahres 1795: in der Mitte, malend, die Herzogin, links, über den Tisch

gebeugt und lesend, Goethe, ganz rechts Herder, links neben ihm, mit einer Handarbeit beschäftigt, Luise von Göchhausen, Erste Hofdame der Herzogin (1752-1807) und stets geistreicher Mittelpunkt der geselligen Runde; sie bewohnte die Mansarde des Wittumspalais. Von Goethes „Urfaust", dessen Original verloren ging, fertigte sie die Abschrift an, die das Werk für die Nachwelt rettete.

Weimarer oder Weimaraner?

In Weimar muß man entweder Goethe oder – sein Schreiber sein.

Friedrich Hebbel, 1858

Sind Weimarer Weimaraner? Und sprechen die Weimarer Sächsisch? Natürlich darf man sich getrost auf Goethe berufen, der schrieb ja im Haus am Frauenplan: „Ich bin ein Weltbewohner, bin Weimaraner!" Und doch sind die meisten Weimarer Bürger pikiert, wenn der Fremde sie Weimaraner nennt. Der „Weimaraner" nämlich ist ein Hund, ein sehr edler, ziemlich großer Jagdhund mit silber- oder mausgrauer Färbung. Gleich nach 1800 kam er nach Weimar und wurde schon bald für den Bedarf des jagd- und hundenärrischen Herzogs Carl August gezüchtet.

Die übrige Welt interessiert sich aber vordringlich für die Frage, ob man in Weimar Sächsisch spricht. Tut man nicht! Man spricht hier Thüringisch. Aber wie das Obersächsisch/ Meißnische gehört das Thüringische zu den ostmitteldeutschen Mundarten – jedoch spricht man das Thüringische nur südlich vom Harz, westlich der Saale und nördlich der Rhön.

Die Weimarer Bürger Schiller und Goethe sprachen indes weder die eine

Seiten 94/95:
Goethehaus am Frauenplan

noch die andere Mundart. Von Schiller wissen wir, dass er die württembergische Herkunft nicht verleugnen konnte. Und Goethe – der blieb in seinem Alltagsdeutsch lebenslang, also auch am Weimarer Frauenplan, ein Hesse.

Berühmte Weimarer

Es lebten bedeutende Menschen hier, die sich nicht miteinander vertrugen; das war das Belebendste der Verhältnisse, regte an und erhielt jedem seine Freiheit.

Kanzler Friedrich von Müller, 1830

Friedrich Justin Bertuch (1747-1822) war einer von ihnen. Goethe nannte ihn den „Allerweltskerl von Weimar“.

Tätig war er als Literat, Übersetzer, Kaufmann, Verleger kostbarer Bücher und periodischer Zeitschriften wie dem „Teutschen Merkur", Privatsekretär und Schatzmeister des Herzogs. Er kümmerte sich um den Fortgang des Weimarer Schul- und Sozialwesens, stritt für ein einheitliches deutsches Urheberrecht, gründete ein geographisches Institut (um dessen vorzügliche Karten sich „die Götter der Erde, welche Krieg führen", rissen), sponserte das Hoftheater und manchen armen Schlucker unter den Schriftstellern. Vor allem aber war er Fabrikant. In seinem ersten gewerblichen Unternehmen, einer Galanteriewarenwerkstatt, stellten junge Frauen Stoffblumen her – hier arbeitete auch Christiane Vulpius, die spätere Frau von Goethe. Seine vielen Unternehmungen fasste Bertuch 1791 zum „Landes-Industrie-Comptoir" zusammen – fast jeder zehnte Weimarer war hier beschäftigt. Geblieben ist das Bertuchhaus, laut Schiller „unstreitig in ganz Weimar das schönste Haus", in dem seit 1955 das Stadtmuseum seinen Sitz hat.

Johann Peter Eckermann (1792-1854) gehört ebenfalls in die Reihe bedeutender Weimarer. Sein Name wurde zum Synonym für den selbstlosen Dienst am Werk eines Größeren. Er kam aus ganz kleinen Verhältnissen und erwarb sich doch eine gediegene

Grabstele von Eckermann auf dem Historischen Friedhof

Bildung. 1823 stand er zum ersten Mal vor Goethe, der ihn freundlich empfing, ihm erläuterte, dass in dem kleinen Weimar „zehntausend Poeten und einige Bewohner" lebten, und ihn zu seinem Sekretär machte. Ihm verdanken wir die Aufzeichnung seiner „Gespräche mit Goethe in den letzten Jahren seines Lebens 1823-1832", und Goethe wusste, dass der ihm aufrichtig ergebene Eckermann seine Worte der Nachwelt überliefern würde. – Nach Goethes Tod arbeitete Eckermann als Bibliothekar der Großherzogin, für nur 300 Taler Jahresgehalt, aber auch Goethe hatte ihn nur kärglich entlohnt.

Sckell ist der Familienname der seit 1796 in Weimar wirkenden Gärtner-

Dynastie. Mit Vornamen Armin Emil August, Eduard Gottlieb Ludwig, Johann Christian, Johann Conrad, Julius Otto, Karl, Otto Ludwig Paul – einer von ihnen war immer dabei, wenn neue Gartenanlagen und Parks entstanden.

Großherzogin Sophie (1824-1897) war 22 Jahre alt, als sie an der Seite ihres Ehemannes und künftigen Regenten Carl Alexander in Weimar einzog. Von Anfang an wirkte sie zum Segen der Stadt, zunächst auf sozialem und volksbildnerischem Gebiet. So begründete sie das „Sophienhaus" zur Ausbildung von Krankenpflegerinnen, die höhere Töchterschule

Seiten 102/103: Goethe-Schiller-Archiv

„Sophienstift" und ein Taubstummeninstitut. Klugheit, Weitsicht und auch Liebe zu den großen Geistern der Weimarer Vergangenheit bewies sie 1885, als das Testament von Walther Wolfgang von Goethe, des Letzten der Familie, sie zur Miterbin von Goethes Nachlass erklärte. Durch sie kam das heute als Wallfahrtsstätte empfundene Goethe-Nationalmuseum in Gang. Auch das 1896 eröffnete Goethe- und Schiller-Archiv, das älteste deutsche Literaturarchiv, entstand durch ihre Entscheidung. 2010-12 wurde es generalsaniert, um 600 m² Nutzfläche erweitert und mit Spitzentechnologie ausgerüstet. Es verwahrt heute über 130 Nachlässe.

Der Großherzogin verdanken wir auch eine historisch-kritische Gesamtausgabe von Goethes Werk – zwischen 1887 und 1919 kamen 143 Bände heraus, die „Sophienausgabe".

Goethe überall

Goethe war in Weimar Minister, Bibliotheksverwalter, Universitätslenker, Bergwerkskenner und Mineraloge, Wegebaupräsident, Ordner von Sammlungen, Theatermann, Naturwissenschaftler, Inszenator amüsanter Paarungen, Liebhaber, Ehemann, Vater, Großvater, Vorgesetzter einer zahlreichen Dienerschaft (50 Taler Jahreslohn für einen Diener, 80 für einen Schreiber). Wenn Goethe, wie wir heute wissen, den berühmten menschlichen Zwischenkieferknochen auch nicht als erster entdeckt hat

(sondern der französische Anatom Félix Vicq-d'Azyr), hat er sich doch sein Leben lang auch mit medizinischen Fragen beschäftigt, schließlich grassierten viele Krankheiten in Stadt und Land.
Goethe selbst litt an mehreren lebensbedrohlichen Erkrankungen, dazu an Rheuma, Gicht, auch an zu viel Alkohol, und er war ein bekennender Hypochonder. Vom Arzt erwartete er ehrliche Heilmethoden, keine Pfuscherei, keine bloß Aufsehen erregenden Therapien (von denen es auch damals nur so wimmelte). Ihm ging es um ein würdiges Leben: „Unser Leben kann sicherlich durch die Ärzte um keinen Tag verlängert werden“, sagte er zum Kanzler Müller. „Wir leben, so lange es Gott bestimmt hat; aber es

ist ein Unterschied, ob wir jämmerlich wie arme Hunde leben oder wohl und frisch, und darauf vermag ein kluger Arzt viel."

Christoph Wilhelm Hufeland (1762-1836) war sicher der bedeutendste unter Goethes Ärzten. Sein Vater hatte schon als Hofmedicus in Weimar gearbeitet. 1783 übernahm er die väterliche Praxis, wurde auch zum Hofmedicus, 1793 zum Medizinprofessor in Jena ernannt. Bis 1801, als er an die Berliner Charité ging, war er auch Goethes Hausarzt. Weimar verdankt ihm den Bau eines ersten Leichenschauhauses, vor allem aber setzte er sich schon hier für die „Impfung gegen Pocken mittels eines abgeschwächten Krankheitsstoffes" ein.

Wilhelm Ernst Huschke (1760- 1828) behandelte seit 1792 als Leibarzt die ganze herzogliche Familie.

Karl Vogel (1798-1864) war seit 1826 Hofmedicus und Hausarzt Goethes: „...ohne ihn wäre ich längst abgefahren." Vogel hinterließ uns die Arbeit „Die letzte Krankheit Goethes".

Studenten in Weimar

Es waren und sind vor allem die Studenten, die die Stadt Weimar davor bewahrten und bewahren, nur eine Ruhmeshalle deutscher Dichter und Denker zu sein. Aus allen Ecken

Franz-Liszt-Denkmal im Park an der Ilm, 1902 eingeweiht

Deutschlands kommen junge Leute nach Weimar, die sich als Studenten unter die rund 65 000 Weimarer Bürger mischen. Sie studieren Architektur oder Design an der Bauhaus-Universität, werden an der Musikhochschule „Franz Liszt" zum Orchestermusiker, Sänger oder Musikpädagogen ausgebildet.

Während der langen Geschichte der beiden Hochschulen (mit wechselnden Namen und Strukturen) ist manch ein Prominenter als Lehrer hier tätig gewesen, hat manch ein später zu Ruhm gekommener Student ihm zu Füßen gesessen. Böcklin, Lenbach, die Bauhaus-Leute waren hier Lehrer. Und kein geringerer als Max Liebermann hat in Weimar studiert. Franz Liszt und Hans von Bülow begründeten die Weimarer Orchesterschule – Tausende ehemaliger Studenten tragen seitdem Weimars Ruhm als Musikstadt in die Welt. Und seit 1960 mehrt sich der Ruhm: Ab diesem Jahr veranstaltet die Musikhochschule alljährlich im Sommer das „Internationale Musikseminar".

Weimarer Gastlichkeit

Weimar ist von jeher eine Fremdenstadt gewesen, und Hotels wie Restaurationen sind auf ein starkes Anschwellen des Verkehrs zugeschnitten.

Johannes W. Harnisch, 1919

Elephant (Hotel am Markt 19), 1696 als älteste noch bestehende Unterkunft bezeugt, vom Dichter Franz Grillparzer „Vorzimmer zu Weimars lebender Walhalla" genannt. Hier wohnten u.a. Ludwig Börne, Felix Mendelssohn-Bartholdy, Franz Liszt, Richard

Wagner und Thomas Mann. Besonders gern und häufig Adolf Hitler, der 1938 auch eine Erweiterung veranlasste. Schauplatz des Films „Lotte in Weimar" nach Thomas Mann.

Der **Ratskeller** (im Stadthaus, Markt 10) war ursprünglich Stätte der Weimarer Geselligkeit, auch Tagungsort von Vereinen.

Russischer Hof (Goetheplatz 2): bei Fertigstellung 1805 „Gasthof Alexanderhof" (nach Zar Alexander I., Bruder der Großherzogin Maria Pawlowna). Hier verkehrten Liszt, Wagner und die Schumanns.

Seiten 114/115: Gasthaus „Zum Weißen Schwan". Hier quartierte Goethe seine Gäste am liebsten ein.

Gasthaus zum

Sächsischer Hof (Eisfeld 12), eines der ältesten Gebäude der Stadt. Für gastronomische Zwecke 1809 als „Hotel de Saxe“ eröffnet, 1870 wurde der Name eingedeutscht. Goethe wohnte hier 1775 bei seiner Ankunft in Weimar.

Schwarzer Bär (Markt 20), bekannt seit 1540, gilt als älteste Gaststätte.

Weißer Schwan (Frauenplan), als Gaststätte seit 1638 erwähnt. Wegen der Nachbarschaft zu Goethes Wohnhaus einer der beliebtesten Gasthöfe Weimars. Hier wohnten schon Böcklin, Cornelius, Liszt, Rauch, Zelter, in jüngerer Zeit Willi Brandt, Karl Lagerfeld, Udo Lindenberg…

Einen Kaffeeausschank gab es in Weimar seit 1737, seit 1780 auch ein richtiges Kaffeehaus.

Das Residenz-Café (Grüner Markt 4) ist das älteste, noch bestehende Kaffeehaus Weimars. Es wurde 1839 vom Hofkonditormeister August Emil Theodor Ißleib eröffnet und erfreut sich auch heute bei Einheimischen und Gästen großer Beliebtheit.

„In der Hofkonditorei geht's mit dem Kartoffel-Syrup recht gut, aber der Zucker, der daraus entstand, ist sehr schlecht und schmeckt im Kaffee erbärmlich."

Herzog Carl August an den Chemiker Döbereiner in Jena, 1812

Feste feiern wie Goethe

Goethe hatte ein Faible fürs gesellige Dinieren und legte Wert darauf, dass er und kein anderer „die Honneurs von Weimar“ machte. Zum Frühstück hatte er fast täglich wechselnde Gäste und ließ auftischen: Semmeln („darunter eine schwarze“), Brot, Aufschnitt, Thüringer Frühstückskuchen, Kaffee, Schokolade, einige „Nösel“ Süßwein. Christiane (sein „Küchenschatz“) bot ihm „Mittagsgeborgenheit“ mit seinen Leibspeisen: Spargel, Blumenkohl, Artischocke, Geflügel, Hasen, Rehbraten, Wacholderdrosseln, Hammelkeulen („vom Schwein“ mochte er nicht). Zu anderen Mahlzeiten nahm er auch gern Froschkeulchen, Presssack und Knackwürstchen.

Er lud gern ein „zu einem frugalen Familientisch“, seinen Eckermann zitierte er dazu einfach herbei: „Wünscht heute Montag den 1. Decbr. 1823. gegen 2. Uhr zu Tisch zu sehen. Goethe.“

Was es am Ort nicht gab, ließ er sich bringen oder schicken: Zwei Fässchen Kaviar gab Wilhelm von Humboldt am Frauenplan ab, Zelter schickte regelmäßig Teltower Rübchen, der Bremer Arzt Nicolaus Meyer „edle Tropfen und Hanseatisches“ (von Hummer bis Hering), Marianne von Willemer aus Frankfurt „ganz frische Pfeffernüsse, Brenten und Quittenpastete“. Oder er bestellte: „Die Mettwürste waren vortrefflich: man wiederhole die Sendung!“/ „Champagner – zweimal wöchentlich zu liefern.

„Ihr werdet hoffentlich einen grünen Baum im Zimmer aufrichten!"

Friedrich Schiller an seine Verlobte Charlotte von Lengefeld in Weimar, 1789

Durch Goethes „Leiden des jungen Werthers" kam der Weihnachtsbaum schon 1774 in die Weltliteratur – in Weimar war das „Einbringen von Christbäumchen" noch bis 1790 verboten. Aber über den Märchendichter Musäus (1735-1785) wird berichtet, dass er mit selbst vergoldeten Äpfeln und Nüssen Zuckerbäume ausgeputzt und eine Fahne von Flittergold darauf gesetzt hätte…
So trat der Tannenbaum als Schmuck zum Weihnachtsfest seinen Siegeszug auch in Weimar an. Dagegen längst etabliert hatte sich der Zwiebelmarkt.

„... Zu allen Toren der Stadt kamen heute früh große Fuhren mit Zwiebeln und Sellerie eingefahren, die von beiden Seiten des Frauenplans durch die Straße und Esplanade hinab appetitlich ausgelegt sind; die blanken Zwiebeln sind an langen Fäden wie Perlenschnüre aufgezogen („Rispen") und nehmen sich gar artig aus. Goethe ließ davon für 14 Pfennige für das ganze Jahr einkaufen und hing sie an seinem Fenster patriotisch aus..."

Karl Friedrich Zelter, 1827

Das schönste aller Weimarer Feste (heute am zweiten Wochenende im Oktober, aber immer noch mit Zwiebeln aus der Goldenen Aue um Heldrungen) ist der **Weimarer Zwie-**

belmarkt, der 1653 als „Viehe- und Zibbelmarckt“ begann.
Es gab übrigens nicht nur Zwiebeln, sondern auch zahlreiche andere Gemüse- und Gewürzsorten. Die Menschen deckten sich für den Winter ein.
1861 wurde der Markt auf drei Tage verlängert, während der DDR-Zeit auf einen Tag verknappt und nach der Wende wieder auf drei Tage ausgedehnt.

Gute Laune auf dem Weimarer Zwiebelmarkt

Quellenverzeichnis

Bruno Apitz: Nackt unter Wölfen. Halle 1959

Bruno Apitz: 1900-1979. Biographie + Texte + Bibliographie. Erarbeitet und kommentiert von Renate Florstedt. Stadt- und Bezirksbibliothek Leipzig, Berlin 1990

Roland Dreßler/ Jochen Klauß: Weimar. Hamm 1995

Gitta-Maria Günther: Weimar. Eine Chronik. Leipzig 1996

Jutta Hecker: Wunder des Worts. Leben im Banne Goethes. Berlin 1989

Klassik Stiftung Weimar, Museen, Inv.-Nr. KHz/00330, Gemälde S. 88/89

Erhard Pansegau/ Peter Goldammer: Weimar. Halle 1993

Gertrud Ranft: Historische Grabstätten aus Weimars klassischer Zeit. Nationale Forschungs- und Gedenkstätten der klassischen deutschen Literatur in Weimar, 1988

Siegfried Seifert: Weimar. Stadt der Klassik. Ebenda, 1988

Wolfgang Schneider (Hrsg.): Romantische Ansichten von Weimar. Leipzig und Weimar, 1991

Lutz Unbehaun: Ein wertes Band der Freundschaft. Friedrich Schiller und seine Zeit in Rudolstadt. Rudolstadt 1996

Carl Eduard Vehse: Der Hof zu Weimar. Leipzig und Weimar, 1991

Wolfgang Vulpius: Goethe in Thüringen. Stätten seines Lebens und Wirkens. Rudolstadt 1990

Weimar. Lexikon zur Stadtgeschichte. Weimar 1998

Aus dem lieferbaren Mini-Angebot

Kochbüchlein

Alles gewickelt & gerollt • Alles vom Ei
Apfelbüchlein • Aronia • Backen & Naschen
Beerenbüchlein • Berlin & Mark Brandenburg kulinarisch • Bierbüchlein
Blüten für Genießer • Brot backen
Champignon & Co. • Drinks • Essbares von Bäumen & Sträuchern • Essen von der Wiese
Essen wie im Mittelalter • Fingerfood
Gemüseraritäten • Heißer Bischof – kalter Hund
Holunderrezepte • Honig
Ingwer • Kaffeevergnügen
Kleines Fisch-Kochbuch • Kochbüchlein Schweiz
Lauter scharfe Sachen • Marmelade & Gelee
Mecklenburg-Vorpommern kulinarisch
Milch-Büchlein • Multitalent Zwiebel
Obstexoten
Sachsen kulinarisch (auch engl.)
Sachsen-Anhalt kulinarisch • Sanddorn-Rezepte
Schokoladenbüchlein • Sektbüchlein
Senfbüchlein • Süße Verführung
Süßes im Advent • Teegenuss
Thüringen kulinarisch
Tomatenbüchlein • Vegane Küche
Weihnachten. Bräuche & Rezepte

Naturbüchlein

Heilkräuterbüchlein • Hildegard von Bingen
Mythos Ginkgo (auch in engl.) • Kleine Kräuter-apotheke • Kleine Pilzkunde • Meerschweinchen-Büchlein • Neues Katzenbüchlein • Wildobst

Literarisches

Das kleine Bach-Büchlein (auch engl.)
Wilhelm Busch • Fange jetzt zu leben an
Frauen & Männer • Frauen-Weisheit
Goethe-Zitate • Gute-Laune-Büchlein
Ich hab dich so lieb • Liebe Mama...
Liebe Oma... Lieber Opa... • Lieber Papa...
Lotter-Wirtschaft • Rosa Luxemburg
Märchenkönig Ludwig II. (auch engl.)
Karl May • Wolfgang Amadeus Mozart (auch engl.) • Richard Wagner
Nietzsche-Zitate • Philosophinnen-Sprüche
Rainer Maria Rilke • Schiller-Zitate
Clara & Robert Schumann • Theodor Storm
Weisheiten der Welt • Heinrich Zille

Stadt und Land

Auf der Saale-Unstrut-Weinstraße • Auf der Sächsischen Burgen- und Schlösserstraße
Auf der Sächsischen Weinstraße
Berlin für die Westentasche (auch engl.)
Burgen und Schlösser im Erzgebirge

Chemnitz für die Westentasche
Dresden für die Westentasche (auch engl.) • Erfurt für die Westentasche
Görlitz für die Westentasche
Halle für die Westentasche • Herrnhut
Im Spreewald unterwegs
Leipzig für die Westentasche (auch engl.)
Magdeburg für die Westentasche
Markkleeberg für die Westentasche
München für die Westentasche
Musikalischer Stadtrundgang durch Leipzig
Naumburg • Parks & Gärten in Sachsen-Anhalt • Potsdam für die Westentasche
Schwerin für die Westentasche
Weimar für die Westentasche

Der besondere Band

Erzgebirgisches Weihnachtsbüchlein
Europas Erstes Porzellan • Fußball-ABC
Gut beraten, froh gestimmt.
Heiter bis wolkig. Vom Wetter
Med in Dschörmenie. Gutes Deutsch
Kösener Spielzeug • Sandmännchen-Büchlein • Schnell wieder schön
Wahrsagen à la Lenormand